Antagonismen in der DDR-Literatur

VON GÜNTER WITSCHEL

1976

BOUVIER VERLAG HERBERT GRUNDMANN · BONN

CIP-Kurztitelaufnahme der Deutschen Bibliothek
WITSCHEL, GÜNTER
Antagonismen in der DDR-Literatur. – 1. Aufl. – Bonn: Bouvier, 1976
(Akademische Vorträge und Abhandlungen; H. 43)

ISBN 3-416-01231-3

ISSN 0065-5538

 Printed in Germany. Herstellung: Hagedorn, Berlin

INHALT

Einleitung 5

Das Schicksal des Poeten Stephan Hermlin

Zum Begriff Antagonismus und Methodenfragen 9

Antinomie · Antagonismus · Dialektischer Gegensatz · Methode

Immanente (Thematische) Antagonismen in der DDR-Literatur 14

Empfindsame — Rationalisten · Nichtnützliche — Gesellschaftsnützliche · Vorbild — Kollektiv · Hochbegabte — Kollektiv · Individuelle Selbsterfüllung — Ansprüche der Partei

Transzendente (Parteiliche) Antagonismen der DDR-Literatur 20

Formalismus — Sozialistischer Realismus · Subjektivismus — Sozialistischer Realismus · Antagonismus des Ortes · Antagonismus der Zeit · Angehörige des Überbaues — Angehörige der Basis · Passive und aktive Helden · Dramentheoretischer Exkurs · Eine andere Art von Sozialismus

Auflösung der Antagonismen? 47

Personenverzeichnis 50

EINLEITUNG

Verschafft man sich anhand von Anthologien und theoretischer Werke[1] einen Überblick über die heute vorliegende DDR-Literatur, so fallen auch dem Nicht-Literaturwissenschaftler und Nicht-Politologen sofort Sprünge innerhalb dieser Literatur und Gegensätze zur parteiamtlichen Lehre auf.

[1] Zur Zeit sind folgende Anthologien auf dem Markt:

1. „Verteidigung der Zukunft. Deutsche Geschichten seit 1960", hg. von M. Reich-Ranicki, München (Piper), 1974 (Bundesrepublik und DDR)
2. „Nachrichten aus Deutschland", hg. von H. Brenner, Reinbek bei Hamburg, 1967
3. „Fahrt mit der S-Bahn", hg. von Lutz—W. Wolff, dtv Nr. 778 (21 Erzählungen)
4. „Fünfzig Erzähler der DDR", hg. von R. Christ u. M. Wolter, Berlin — Weimar (Aufbau-Verlag), 1974
5. „19 Erzähler der DDR", hg. von H. J. Schmitt, Fischerbuch 1210
6. „Neue Erzähler der DDR", hg. von Doris u. H. J. Schmitt, Fischerbuch 1570

An theoretischen Werken kann empfohlen werden:

1. M. Reich-Ranicki: „Zur Literatur der DDR", München, 1974 (textgebundene Interpretationen)
2. F. J. Raddatz: „Traditionen und Tendenzen, Materialien zur Literatur der DDR", Frankfurt/Main, 1972
3. W. Brettschneider: „Zwischen literarischer Autonomie und Staatsdienst. Die Literatur der DDR", Berlin, 1972
4. H. J. Schmitt (Hg): „Einführung in Theorie, Geschichte und Funktion der DDR-Literatur", Stuttgart, 1975

Für die Sprünge, wie für die Gegensätze, bietet Werk und Biografie *Stephan Hermlins,* oder, wie sein richtiger Name lautet: Rudolf Leders, ein gutes Beispiel. Der Leser erfährt Hermlin einerseits als subtilen Lyriker, der sich an Rimbaud, Mallarmé und Aragon schulte. Balladen, Stanzen, Terzine und Sonette stammen von Hermlin. Der Dichter zeigt sich um Reim und Rhythmus, also um die Form, bemüht. Vervollkommnung der formalen Kunst und Weiterentwicklung der literarischen Formen ist sein Bestreben. Das gilt auch für die epischen Werke Hermlins, die sich durch Straffheit, Spiel mit Möglichkeiten, gute psychologische Beobachtung und strenge Perspektivenwahrung auszeichnen.

Andererseits tritt uns Hermlin als revolutionärer kommunistischer Agitator entgegen. Bereits im Jahre 1940 verherrlichte er in einer Ballade die Sowjetunion. Politischen Anordnungen zu folgen, ist er bereit. In seiner Kurzgeschichte von 1954 „Die Kommandeuse" legt er dar, daß am 17. Juni 1953 nicht Arbeiter, sondern ungebesserte Nazis rebellierten.

Der Gegensatz erweist sich als einer zwischen dem Wunsch, den Formgesetzen der Dichtung nachzugehen und Gehorsam gegenüber den politischen Anordnungen. Hermlin ist ein Beispiel. Der Gegensatz tritt vermutlich breiter auf. Verallgemeinert man ihn, so ergeben sich als Möglichkeiten:

1. Der Dichter versucht, beiden ‚Anrufungen' unbegrenzt zu folgen.
2. Eine Art von Gleichgewichtszustand wird erstrebt.
3. Der Dichter folgt nur einer Tendenz.

Ohne Zweifel wurde die zweite Möglichkeit von Hermlin angestrebt.

In einer Rede[2] aus dem Jahre 1960 sagt Hermlin: „In den Zeiten der äußersten Zuspitzung des gesellschaftlichen Kampfes", eine solche Zuspitzung schien Hermlin 1960 vorzuliegen, „hat die Dichtung keine andere Wahl als sich entweder, für das zum Absterben Verurteilte Partei nehmend, zu prostituieren oder, auf der Seite des Fortschritts, ihre eigentliche Domäne einzuschränken."

Wir lassen unerörtert, was Hermlin mit „zum Absterben Verurteilte" gemeint haben könnte — nehmen wir an, den Kapitalismus oder Imperialismus —, unser eigentliches Interesse verdient der Antagonismus zwischen historischem Fortschritt und Einschränkung der „eigentlichen Domäne" der Dichtung.

Hermlin war bereit, innerhalb der Domäne der Dichtung zurückzustufen, hier einen Kompromiß einzugehen oder einen Ausgleich vorzunehmen zwischen dem Wunsch nach optimaler Formgebung und den parteiamtlichen Forderungen, das Lied des Fortschritts zu singen.

Aber diesen Ausgleich durfte Hermlin nicht vornehmen. Das Politbüro des Zentralkomitees[3] zwang ihm 1963 die dritte allgemeine Möglichkeit auf, selbstverständlich mit der Tendenz, sich gänzlich den politischen Anordnungen anheim zu geben. Die Folge war, daß Hermlin verstummte. Diese Folge ist keineswegs selbstverständlich. Vielmehr zeigt sie die Sensibilität des Künstlers, wie auch die Stärke an Verpflichtung und Reiz, den Dichtung ausstrahlt. Es gibt in der DDR-Literatur auch Beispiele — Erich

[2] St. Hermlin: „Rede über Mickiewicz" in „Begegnungen 1954—1959", Berlin (Aufbau-Verlag), 1960, S. 256

[3] Übereinstimmend nach Reich-Ranicki (s. Anmerkung 1, dort S. 62) und Raddatz (s. Anmerkung 1, dort S. 157), aus: „Neues Deutschland", 6. April 1963

Weinert, Erik Neutsch — bedingungsloser Folgsamkeit an die politischen Anordnungen der Partei.

Vorgelegt wurde bisher der Gegensatz zwischen Forderungen der Dichtung und politischen Anordnungen. Dem Leser werden weitere, verwandte Gegensätze in der DDR-Literatur bekannt sein. Ist für sie der schon einmal verwandte Begriff Antagonismus zutreffend oder identifizierten die Begriffe Antinomie oder Dialektik besser? Alle drei Begriffe gehören zum aktiven Wortschatz der DDR.

ZUM BEGRIFF ANTAGONISMUS UND METHODENFRAGEN

Beginnen wir mit dem verwandten Begriff der *Antinomie*. Etymologisch leitet er sich vom griechischen ‚Gesetz' her. ‚Gegengesetze' lautet die treffende etymologische Übertragung. Die Entwicklung des Begriffes seit Kant über Hegel, v. Weizsäcker, Frege, Russell zeigt deutlich seine Zugehörigkeit zum Bereich der Logik. Eine brauchbare Definition für Antinomie wäre: Äquivalenz zwischen einer logisch einwandfreien Aussage und deren ebenso logischen Negation zu demselben Problem.

Fragen wir, ob das herausgearbeitete Beispiel des Gegensatzes zwischen den Forderungen der Dichtung und politischen Anordnungen eine Antinomie darstellt, so ist zu verneinen. Die Forderung der Dichtung sind Strukturen der Kunst, die den Autor affizieren; die Anordnung der Politik sind parteiliche Maßnahmen, die mehr oder minder repressiv wirken. Es handelt sich um den Aufeinanderprall zweier kulturell-sozialer Komplexe. Dem Bereich der Logik gehören sie nicht an.

Der Begriff *Antagonismus* könnte also zutreffen. Untersuchen wir ihn gleichwohl näher! Er leitet sich vom griechischen ‚Gegner' ab; eine schöne deutsche Übertragung wäre ‚Widerpart'. Kant, Marx, der Marxismus-Leninismus und Stalin beschäftigten sich am intensivsten mit dem Antagonismusbegriff. Sie verstehen teils etwas Ontologisches, teils etwas Psychologisches unter Antagonismus. Ontologisch tritt der Begriff bei Kant auf. Er versteht unter Antagonismus „die ungesellige Geselligkeit des Menschen", seine „Neigung sich zu vergesellschaften" und seinen „Hang sich zu vereinzeln"[4]. Auch für Marx ist Antagonismus ein ontologisch verstandener Gegensatz zwischen den bürgerlichen Produktionsverhältnissen und dem Produktionsprozeß. Der Marxismus-Leninismus[5] hat dann einmal in den Antagonismusbegriff das psychologische Element eingeführt, denn er definiert Antagonismus mit „ein Widerspruch, der auf dem unversöhnlichen Gegensatz zwischen den I n t e r e s s e n verschiedener gesellschaftlicher Klassen oder sozialer Gruppen beruht"; zum anderen hat der Marxismus-Leninismus erstmalig die Unterscheidung von antagonistischen Gegensätzen — beispielsweise Sozialismus : Imperialismus — und nichtantagonistischen Gegensätzen — beispielsweise Arbeiter : Intelligenz — vorgenommen. Nichtantagonistische Gegensätze bestehen danach zwischen Gruppen oder Klassen, die auch grundlegende gemeinsame Interessen haben[5]. Bekanntlich hat Stalin der Lehre von den nichtantagonistischen Gegensätzen dann die Auffassung hinzugefügt, daß sich durch „Kritik und Selbstkritik", durch die Wirkung, die von der „moralisch-politischen Einheit des Volkes"; von der „Freundschaft der Nationalitäten" und vom „Sowjetpatriotismus" ausgehen, aufgelöst werden könnten.

Kehren wir an dieser Stelle zu unserem Vorverständnis eines eventuellen Antagonismus zwischen den Forderungen der Dichtung und den Anordnungen der SED zurück, so zeigt sich hier, daß in der Tat ein Antagonismus besteht. Genauer haben wir diesen Gegensatz in der merkwürdigen Terminologie des Marxismus-Leninismus mit „nichtantagonistisch" zu bezeichnen. Das psychologische Element des Gegensatzes zwischen den I n t e r e s s e n verschiedener gesellschaftlicher Gruppen oder Klassen zeigt sich,

[4] I. Kant: „Idee zu einer allgemeinen Geschichte in weltbürgerlicher Absicht", 4. Satz

[5] Nach G. Klaus/M. Buhr: „Philosophisches Wörterbuch", 1965, S. 61

wenn wir die Forderung der Dichtung in den Dichtern personifizieren und hinter den politischen Anordnungen das Politbüro des Zentralkomitees sehen. Das verbindende Element gemeinsamer Interessen wird beispielsweise in der Kompromißbereitschaft des Autors Hermlin wahrnehmbar.

Der Gegensatz zwischen den Forderungen der Dichtung und politischen Anordnungen ist also ein „nichtantagonistischer Gegensatz", der von mir fürderhin knapp als Antagonismus bezeichnet wird. Könnte es sich nicht aber auch, diese Probe sei kurz durchgeführt, um einen *dialektischen Gegensatz,* etwa um These und Antithese, handeln?

Das Wort Dialektik stammt vom griechischen Gegenstück für ‚Disputierkunst'. Vergleichbar der Parallelität einer ontologischen und einer psychologischen Bedeutung beim Antagonismusbegriff, läuft beim Dialektikbegriff eine Auffassung von Dialektik als Methode neben einer als Bestandteil der Realität. Der ersten Auffassung waren u. a.: Platon (Dialektik eine Theorie), Marx (Darstellungsmethode), Engels (Wissenschaft), Lenin (wissenschaftliche Methode). Hegel andererseits sah bekanntlich Dialektik „im Gang der Sache selbst". Und diesen Standpunkt der „Realdialektik" vertrat auch Stalin. Zur Gegenwart hin gewinnt das Verständnis von Dialektik als Methode die Überhand. Das „Wörterbuch der Kybernetik" beispielsweise definiert 1968 Dialektik als T h e o r i e der fortschreitenden Entwicklung vom Einfachen zum Zusammengesetzten und vom Niedrigeren zum Höheren[6].

Wir sehen, daß unser Gegensatz zwischen Forderungen der Dichtung und politischen Anordnungen als ein solcher zwischen

[6] G. Klaus: „Wörterbuch der Kybernetik", 1968, S. 598

kulturell-sozialen Komplexen oder personifiziert, als ein Gegensatz zwischen verschiedenen gesellschaftlichen Gruppen, ein Antagonismus bleibt. Freilich, das fügt die Dialektik-Überlegung hinzu, mag dieser, genau definiert: „nichtantagonistische Gegensatz“, die Möglichkeit der „Aufhebung“ oder Auflösung in sich bergen.

Zur Untersuchung der Antagonismen in der DDR-Literatur stehen grundsätzlich zwei *Methoden* zur Verfügung:
- entweder das vom Beispiel des Werkes und Autors ausgehende induktive Verfahren
- oder das von parteiamtlichen Definitionen folgernde deduktive Verfahren.

Die Entscheidung fällt schnell zugunsten des induktiven Verfahrens. Nicht nur ist es das heute übliche Verfahren der Wissenschaft; es fehlt auch schlicht eine parteiamtliche Definition von sozialistischem Realismus[7], die für eine deduktiv vorgehende Untersuchung der Antagonismen aber unentbehrlich wäre.

Die induktive Methode bringt den Nachteil momentanster Zeitrelativität mit sich. Die genannten Beispiele an Werken, vielleicht auch an Autorennamen, sind zum Teil nur kurze Zeit bekannt, sie veralten. Dieser Nachteil muß in kauf genommen werden. Andererseits vertritt der Verfasser die Auffassung, daß die herausgearbeiteten Antagonismen bedeutend zeitunabhängiger als die Beispiele sind. Zahl und Qualifizierung der Antagonismen dürfte an den historisch-gesellschaftlichen Hintergrund der DDR

[7] Diese Auffassung vertritt auch Brettschneider, s. Anmerkung 1, bei Brettschneider S. 44

gebunden sein, mit ihr bestehenbleiben oder verschwinden oder nur mit den staatlich-gesellschaftlichen Bedingungen sich verändern.

Das Vorhandensein mannigfaltiger Antagonismen ist vermutlich ein Hauptkennzeichen der DDR-Literatur. Dieses Stigma darf aber nicht darüber hinwegtäuschen, daß andererseits traditionelle, in der westlichen Welt heute noch bestehende Antagonismen in der DDR aufgehoben oder aufgelöst sind. Zu ihnen zählt der berühmte (Thomas Mannsche) Antagonismus zwischen Kunst und Wirklichkeit, Künstlern und Bürgern. Hier hat einmal die erfolgreiche Bildungspolitik der DDR, und weiterhin die im Gefolge der Bitterfelder Programme einsetzende Auseinandersetzung der Schriftsteller mit der Betriebswirklichkeit zu einer weitgehenden Auflösung dieses Antagonismus geführt.

IMMANENTE (THEMATISCHE) ANTAGONISMEN DER DDR-LITERATUR

Selbstverständlich hat es in der Literatur schon immer Antagonismen gegeben. Denken wir an den Antagonismus zwischen den Interessen eines biederen, dem Alten verbundenen Ritterstandes einerseits und einem anderen Teil des Adels, der sich angepaßt dem Neuen schon zugewandt hatte, im „Götz"; oder erinnern wir uns an den Antagonismus zwischen den Interessen des Individuums und der politisch-historischen Macht bereits im „Egmont". Die bloße Existenz von Antagonismen ist also nicht ein Kennzeichen der DDR-Literatur; vielmehr kann man sagen, daß jegliche Literatur von Antagonismen durchzogen ist. Diese Feststellung, daß Antagonismen ein Element der Literatur ausmachen, bedeutet allerdings nicht, daß die DDR-Literatur keine spezifischen und nicht besonders viele Antagonismen haben könnte. Wir haben im Gegenteil mit zahlreichen, besonderen Antagonismen bei der DDR-Literatur zu rechnen, da hier die Partei an die Literatur Forderungen richtet, die sich in der Literatur der DDR als spezifische Antagonismen ausformen. Damit ist die Unterscheidung von immanenten, vom Thema bedingten, und transzendenten, von der Partei verursachten, Antagonismen gegeben.

Auf einen ersten Antagonismus stoßen wir in Christa Wolfs bekanntem Roman „Nachdenken über Christa T.". Hier prallen die *Empfindsamen* auf die Gruppe der *Rationalisten*. Die Rationalisten werden von der Verfasserin auch als Männer der „eisernen Definitionen", als „Tatsachenmenschen" und „Phantasielose" bezeichnet. Kein Zweifel, Christa W. zählt den allergrößten Teil derjenigen, die in der DDR Einfluß besitzen, zu ihnen. Brennpunktartig wird der Antagonismus zu den Empfindsamen in einer Kernszene des Romans deutlich: im Wiedersehen Christa T.s mit einem ihrer ehemaligen Schüler, der Mediziner geworden ist. Im Gespräch fällt das Wort von der „realen und moralischen Existenz des Menschen". Der rationalistische Mediziner will die Entwicklung des Menschen, aber auch seine Erziehung, ausschließlich von der „wirklichen Existenz" her aufgefaßt wissen. Die „moralische Existenz" sähe er am liebsten eliminiert. Diesem nackten Positivismus stellen Christa T. und Christa W. die Sensibilität gegenüber. Gewiß ist dieser Antagonismus nicht ddr-spezifisch; wir finden ihn ähnlich wieder zwischen Bölls Gruppe derjenigen, die „vom Sakrament des Büffels" kosteten und denjenigen, die „vom Sakrament des Lammes" aßen, also in „Billard um halbzehn".

Ein bedeutender immanenter Antagonismus ist der zwischen Individuum und Kollektiv. Er findet sich thematisch variiert bei so unterschiedlichen Autoren wie Günter Kunert, Peter Hacks, Alfred Wellm und Volker Braun.

G. Kunert beschreibt in seiner Erzählung „Die Waage"[8] eine Stammtischgesellschaft. Sie feiern die Ordensverleihung an ein

[8] Die wohl beste Erzählung aus dem Sammelband: G. Kunert: „Die Beerdigung findet in aller Stille statt", München (Reihe Hanser 11), 1968

Mitglied. Beobachtet werden sie dabei von einem „fremden Blick", vom eingerahmten Karl Marx. Dieser muß mit anhören, daß seine Anhänger inzwischen die von ihm aufgestellten Antagonismen abgeschafft hätten; jetzt gäbe es nur noch „*Gesellschaftsnützliche* und *Nichtnützliche*". „Es ist eine Waage: In der einen Schale steigt die menschliche Spreu nach oben, zu leicht befunden, in der anderen sitzen wir; wir hier um unseren Stammtisch, goldrichtig, schwergewichtig, zukunftsträchtig." Der Dekorierte trinkt zuviel, rast „auf zwei Rädern durch den selbstgefertigten Lichttunnel" zum Dienst im Elektrizitätswerk. Auf der einsamen Landstraße überfährt er einen alten Mann und jagt weiter. Gewiß handelt es sich um Fahrerflucht, aber auch um eine bewußte Entscheidung; denn „der Abzulösende wartet. Es warten die Generatoren, die Turbinen, die Schornsteine, die Einwohner darauf, daß alles seinen Gang gehe. Da heißt es, sich entscheiden. Abwägen."

Kunert deutet an, daß nach der DDR-Ideologie die Waage der Gerechtigkeit keineswegs zugunsten des Individuums ausschlagen muß. Parteiliche Gerechtigkeit kann auch den „Generatoren, Turbinen, Schornsteinen und Einwohnern", also dem Kollektiv, Recht geben. Daß dies wiederum Kunerts Meinung nicht ist, daß er sich für das Individuum entschied, zeigt seine Ironisierung, wie sie schon die Reihenfolge von Generatoren bis zu Einwohnern belegt.

Peter Hacks hat eine sehr interessante dramaturgische Arbeit „Versuch über das Theaterstück von morgen"[9] vorgelegt. In dieser theoretischen Arbeit stößt Hacks auf denjenigen Antagonismus, der allen Dramen, die dem sozialistischen Realismus folgen, notwendigerweise immanent ist. Die Dramen benötigen einen Helden, eine „große Figur" wie Raddatz sagt, ein *Vorbild*, das durch hervorragende Eigenschaften charakterisiert ist. Aber dieser Held hat nach den Forderungen des sozialistischen Realismus dem *Kollektiv* zu dienen, für es hat er zu arbeiten. Je stärker er nun der Forderung des Kollektivs folgt, desto mehr verliert er seine hervorragenden individuellen Qualitäten; wird er Atom des Kollektivs. Bewahrt und entwickelt er umgekehrt seine individuellen Qualitäten, ist er in gleichem Maße antikollektivistisch.

Denselben Antagonismus zwischen Individuum und Kollektiv hat Alfred Wellm in seinem Erstlingsroman „Pause für Wanzka"[10] in den pädagogischen Bereich übertragen. Mit den Stilmitteln des 19. Jahrhunderts stellt Wellm den für die Erziehungswissenschaft traditionellen, für die Pädagogik der DDR aber zugleich aktuellen Antagonismus dar, der einerseits in der Forderung an den Lehrer besteht, das *Kollektiv* seiner *Klasse* zu entwickeln, andererseits im Anspruch des mathematisch *hochbegabten einzelnen Schülers*, gefördert zu werden. Wellm gibt auf diese Frage keine Antwort oder besser: Er gibt zwei Antworten; denn zunächst läßt er den Einzelgänger den Zugang zur Oberschule nicht erreichen, das Kol-

[9] P. Hacks: „Versuch über das Theaterstück von morgen" in: H. Brenner: „Nachrichten aus Deutschland", Reinbek bei Hamburg, 1967, S. 190—202

[10] A. Wellm: „Pause für Wanzka", München (Nymphenburger Verlagsbuchhandlung), 1970

lektiv läßt ihn nicht zu; dann aber eröffnet die Intervention des berühmten Berliner Professors dem Individualisten seine Berufschance.

In den psychologischen Bereich transponiert Volker Braun in seinem Schauspiel „Kipper Paul Bauch“[11] den Antagonismus zwischen Individuum und Kollektiv. Der Kipper Paul arbeitet mehr Schichten als die anderen, er findet neue Kipp-Methoden, erfüllt höhere Normen; aber nicht, um dadurch, wie es die Partei will, am Aufbau des Staates mitzuwirken oder dazu beizutragen, daß sich die Gesellschaft verändere; sondern er arbeitet, weil es ihm Spaß macht, es befriedigt ihn, Wetten mit seinen Arbeitskollegen zu gewinnen, ja, er findet im gelingenden und ihn fordernden Arbeitsprozeß seine *individuelle Selbsterfüllung.* Die Ansprüche der *Partei* sind ihm gleichgültig. In diesem Stadium der Entwicklung läßt Braun seinen Helden auch verharren. Allerdings gibt Braun, vor allem in der zweiten Fassung des Schauspiels, auch zu erkennen, daß er Paul Bauchs Haltung mißbillige.

Viermal begegnete uns der Antagonismus Individuum — Kollektiv in den Formen: Nichtnützliche und Gesellschaftsnützliche, Vorbild und Kollektiv, Einzelschüler und Klasse, für sich oder für die anderen motiviert. In der Betonung der Rechte des Kollektivs bei nicht gänzlicher Vernachlässigung, besonders im pädagogischen Bereich, des Individuums, ist dieser Antagonismus für die

[11] V. Braun: „Kipper Paul Bauch“, in: „Deutsches Theater der Gegenwart“, Band II, Frankfurt/Main (Suhrkamp), 1967

DDR-Literatur typisch. Die Literatur des Westens tritt bei aller Pluralität, unter dem traditionellen Einfluß des Christentums, doch stärker für die Rechte des Individuums ein.

Der Antagonismus Individuum — Kollektiv ist in den Themen der genannten Werke enthalten. Diese Themen sind selbstverständlich über die Autoren von der umgebenden Wirklichkeit beeinflußt. Mag diese Wirklichkeit nun aus „Generatoren, Turbinen, Schornsteinen und Einwohnern" oder aus einer Schulstube, einer Baustelle oder dem Theater bestehen; — sie nimmt von außen indirekten Einfluß auf Autor und Werk. Gleichwohl besteht ein deutlicher Unterschied zu derjenigen Art der Einflußnahme, die in direkten Forderungen von Parteiorganen oder offiziellen Literaturkritikern an die Autoren besteht. Diese Einflußnahme kleidet sich in Mahnungen: Da und dort bist Du von den Prinzipien des sozialistischen Realismus, des Diamat oder des Histomat abgewichen und in Imperative, wie: Bessere Dich oder „Man muß ihm helfen, daß er wieder herauskommt"[12]. Hier entstehen Antagonismen durch den Gegensatz direkter Mahnungen und Imperative einerseits und den Intentionen der Autoren andererseits. Ich nenne diese Art von Antagonismen, weil sie sich durch von außen erzeugten, politisch gekennzeichneten Druck bilden: transzendente (parteiliche) Antagonismen.

[12] Nach F. J. Raddatz (s. Anmerkung 1, S. 157) in: „Neues Deutschland", 6. April 1963, Zuruf des Genossen Hager, Mitglied des Politbüros und Sekretär des Zentralkomitees der SED

TRANSZENDENTE (PARTEILICHE) ANTAGONISMEN DER DDR-LITERATUR

Der verbreitetste transzendente Antagonismus der DDR-Literatur ist uns bereits bekannt. Am Schicksal Stephan Hermlins wurde einleitend der Antagonismus zwischen Forderungen der Dichtung und politischen Anordnungen dargestellt. In Anlehnung an einen Buchtitel von Fred Oelßner, Berlin, 1951: „Kampf gegen den Formalismus in Kunst und Literatur" nenne ich diesen Antagonismus den zwischen *Formalismus* und *sozialistischem Realismus.* Dabei stammt das abwertende Bedeutungselement im Begriff ‚Formalismus' selbstverständlich aus der Perspektive der SED, nicht aus der der Dichtung.

Der Begriff des ‚sozialistischen Realismus' ist, wie gesagt, bisher nicht abschließend definiert worden. Gleichwohl dürfte es an dieser Stelle angebracht sein, ihn auf einige wichtige Merkmale hin zu fixieren. Es sind vor allem drei Kongresse gewesen, die dem Begriff wichtige Kennzeichen gaben:

> Die erste und zweite Bitterfelder Konferenz 1959 und 1964, sowie
> der sechste Deutsche Schriftstellerkongreß 1969.

Die erste Bitterfelder Konferenz war ursprünglich als eine von einem Verlag eingeladene Autorenkonferenz angelegt gewesen. Daß sie für die Literaturentwicklung richtungsweisenden Charakter erhielt, ist auf den Eingriff Ulbrichts zurückzuführen. In seinem ausführlichen Schlußwort forderte Ulbricht auf der Konferenz, daß sich das Denken und die Lebensweise der Schriftsteller ändern müsse: Engerer Kontakt zum Volk und Miterleben des sozialistischen Aufbaues durch das Volk sei für den Autor erforderlich[13]. Diese Forderungen sind später zum Topos: ‚Berufsautoren in die Betriebe!' verdichtet worden. Ulbricht dürfte einmal durch den von ihm 1959 so angesehenen Sieg der sozialistischen Produktionsverhältnisse zu seinen Forderungen bewogen worden sein. Noch grundsätzlicher wird ihn die Stalinsche Sprachtheorie, nach welcher die Literatur dem Leben, der Basis, nahesteht, ermutigt haben.

Die zweite Bitterfelder Konferenz geht von sich aus über die Forderungen der ersten hinaus. Sie postuliert, daß die Werktätigen selbst, die „Kumpel", das literarische Schaffen in die Hand nehmen, „zur Feder greifen" sollten.

Der sechste Deutsche Schriftstellerkongreß 1969 fand unter den Bedingungen eines gefestigten sozialistischen Staates und wachsenden Selbstbewußtseins der DDR-Bürger statt. Seine von Kurt Hager gesetzten Ziele hießen[14]:

Überprüfung der ideologischen Koexistenz,
der Konvergenztheorie,
des Subjektivismus und Skeptizismus.

Damit sind eine ganze Reihe von Prinzipien des sozialistischen Realismus gegeben: Ablehnung des literarischen Formalismus und des Subjektivismus des Dichters; dafür Hinwendung zur sozialistischen Wirklichkeit. Diese schließt ein: Darstellung der Gegen-

[13] Nach F. J. Raddatz (s. Anmerkung 1, S. 59) in: „Neues Deutschland", 20. 5. 69. Vergleiche auch F. Trommler: „Prosaentwicklung und Bitterfelder Weg" in: H. J. Schmitt (Hg): „Einführung in Theorie, Geschichte und Funktion der DDR-Literatur", Stuttgart, 1975; S. 293–S. 327, besonders S. 293/294

[14] K. Hager: „Grundfragen des geistigen Lebens im Sozialismus", Berlin (Dietz-Verlag), 1969, besonders S. 62

wart, Schilderung von Mitgliedern der ‚Basis', Wahl aktiver – schaffensfroher Helden, positive Zeichnung des sozialistischen Staates. Eliminiert wird weiterhin die Darstellung der Ideenwelt.

Überaus stark zeigt sich die Ablehnung des sogenannten Formalismus in der Kritik, welche Strittmatters Roman „Ole Bienkopp" und Christa Wolfs Erzählung „Der geteilte Himmel" auslösten. Fritz J. Raddatz weist darauf hin[15], daß „Ole Bienkopp" ausschließlich politisch-parteiliche Kritik erhielt. Von Erweckung des Kämpfermutes ist in den Kritiken die Rede, von Imperialismus und Sozialismus; positiv wird kritisiert, daß Strittmatter auf Parteiirrtümer und Fehlbeschlüsse aufmerksam machte. Fragen der Wortwahl, der Charakterisierung und des Romanaufbaues werden aber nicht einmal erwähnt. Nicht ganz so extrem, jedoch ähnlich, erging es Christa Wolfs Erzählung. Die Kritik untersuchte die ideologische Stellung der Verfasserin und die politische Relevanz des Werkes. So wird von Erik Neutsch gerügt[15]: „1. daß die nationale Frage in Deutschland nicht als Frage des Klassenkampfes empfunden und dargestellt wird; 2. daß die führende Rolle der marxistisch-leninistischen Partei beim Aufbau des Sozialismus in der DDR nicht sichtbar wird". Innerhalb der Kritik an Christa Wolfs Erzählung sind Fragen der Form nur zweimal angeschnitten worden.

Diese fast gänzliche Eliminierung formal-literarischer Fragen aus der Kritik zeigt zweierlei: einmal die weitverbreitete naive Einstellung, mit der Leser und ein Teil der Kritik an das Werk herangehen. Formprobleme sind der Leserschaft und diesem Teil der

[15] F. J. Raddatz (s. Anmerkung 1, S. 359). Zur Kritik an Christa Wolfs „Der geteilte Himmel" S. 383

Kritiker noch nicht bewußt geworden, zumindest äußern diese Kritiker Formerkenntnisse nicht. Allerdings unterscheidet sich in der Naivität die Situation in der Bundesrepublik Deutschland in nichts von der in der DDR, denkt man an die Kritik, die beispielsweise Hochhuths „Stellvertreter" auslöste. Auch hier ging es fast ausschließlich um Angriffe gegen Papst und Kirche, wie andererseits um deren Verteidigung. Eine eigentlich literarische Debatte kam auch zu Hochhuth nicht zustande. In der DDR tritt zur Eliminierung formal-literarischer Fragen aber ohne Zweifel eine zweite Kraft hinzu: die Ablehnung des Formalen als unwirklich, unrealistisch, als unmaterialistisch, artistisch.

Dieses Verhalten der Leserschaft und der Kritik (nur wenig verallgemeinert), hat nun die Autoren nie davon abgehalten, sich mit formalen Aufgaben zu befassen. Gerade dadurch ergibt sich unser Antagonismus: Formalismus — sozialistischer Realismus.

Johannes R. Becher, Kultusminister der DDR von 1954—1958, hat sich immer wieder theoretisch und praktisch mit der strengen lyrischen Form des Sonettes befaßt. Er publizierte eine eigene „Kleine Sonettlehre", die er ausbauen wollte[16]. Von den bekannteren Sonetten Bechers sei „Größe und Elend", eine Auseinandersetzung mit der Philosophie Pascals, genannt.

Im Mittelpunkt des lyrischen Werkes von Erich Arendt, Nationalpreisträger der DDR, steht die Ode. Der Band „Flugoden" von 1959 enthält zehn dieser Gesänge.

Etwas anders ist die Situation Franz Fühmanns. Zwar läßt sich auch an seinem Werk die Hinwendung zur formalen Aufgabe ab-

[16] J. R. Becher: „Philosophie des Sonetts oder kleine Sonettlehre", in: „Sinn und Form", 3. Heft 1965, S. 329

lesen. Fühmann arbeitet an der Novellenform; eines seiner besten Werke: „Das Gottesgericht", ist nach den klassischen Regeln der Novelle konstruiert.

Allerdings ist hier einschränkend zu bemerken, daß das klassische Novellenmoment des „Falken", des plötzlichen Umschwungs, der Literaturwissenschaft in der DDR nicht unangenehm zu sein scheint, da man meint, im plötzlichen Umschwung eine Parallele zum Schritt von der These zur Antithese sehen zu dürfen[17].

Aber der „Formalismus" Fühmanns verbindet sich mit einer für die DDR-Kritik unangenehmen Themenstellung, die für Fühmann wiederum existentiell ist. Fühmann wurde als Kriegsgefangener in der Sowjetunion zum überzeugten Antifaschisten. Zentrales Thema aller späteren Werke Fühmanns ist die Desillusionierung und der Wandel einer, seiner Generation. Ohne Zweifel ein hochinteressantes Thema auch für die Angehörigen der Kriegsgeneration im Westen. Für die DDR-Kritik ist dieses Thema aber deswegen unangenehm, weil ehrlich gemeinte Angriffe Fühmanns, beispielsweise gegen die Nazi-Propaganda oder gegen den Hitler-Militarismus, vom heutigen Leser ohne jede Schwierigkeit auf die entsprechenden Organe der totalitären Staaten übertragen werden können. So sah sich auch Fühmann einer intensiven, selbstverständlich auch gänzlich ideologischen Kritik ausgesetzt[18].

[17] H. J. Geerdts: „Bemerkungen zur Gestaltung des Menschenbildes in der neuen sozialistischen Epik", in: „Weimarer Beiträge", 1964, H. 1; S. 115 f., zitiert nach F. Trommler, s. Anmerkung Nr. 13, S. 306/307

[18] „Neue Deutsche Literatur", 1959, Heft 8, S. 132 f.

Wie reagierten die Autoren auf den Druck des sozialistischen Realismus? Es gibt hierüber nur wenige Anzeichen und Äußerungen. Aus ihnen sei eine Verdichtung gewagt. Strittmatter scheint die Kritik des sozialistischen Realismus angenommen zu haben. „Schulzenhofer Kramkalender" und „Katzengraben" geben Realität auf leichte Weise. Nicht mehr von Turbinen, Werften, Kombinaten geht die Rede, sondern Miniaturen über den „Vogelzug", den „Holunder", eine „Brille" werden vorgelegt. Dem Leser wird eine aufgehobene Wirklichkeit ausgebreitet. Freilich, in seinem letzten publizierten Werk „Ein Dienstag im September" (1969), mit dem Untertitel „16 Romane im Stenogramm", treten mit einer Ausnahme nur alte und müde Menschen auf, die Vergeblichkeit und Mühseligkeit personifizieren. Sollte den „Bauern"-Dichter Strittmatter Resignation wie die „Intellektuellen"-Autorin Wolf erfaßt haben?

Becher hat sich noch 1957, also während seiner Amtszeit als Kultusminister, gegen den Druck der Kritik aufgelehnt. In „Das poetische Prinzip"[19] spricht er von einer Kritik, die „in ihrer doktrinären Überheblichkeit und ihrer schon berüchtigt gewordenen Unfähigkeit, ein Kunstwerk als solches zu begreifen, weder der Bildung der Leser dient, noch einer fruchtbaren Auseinandersetzung in Selbstverständigung". Reichten die Mittel des Kultusministers Becher nicht aus, nicht nur indirekt über die Vorlage von Texten, sondern auch direkt mit Anordnungen des Staates, Einfluß auf die Kritik zu nehmen, oder scheute der Bach-Verehrer Becher vor solch massiven Schritten zurück?

[19] J. R. Becher: „Das poetische Prinzip", Berlin (Aufbau-Verlag), 1957, S. 115–116

Bei Arendt scheint wiederum eine Strittmatter und Wolf ähnliche Reaktion gegeben zu sein. In den zu seinen letzten Gedichten zu zählenden Stücken „Aus fünf Jahrzehnten"[20] behandelt er das Thema der Vereinzelung. Als ganz und gar folgsam zeigte sich zunächst Franz Fühmann. Er folgte der Kritik und der Aufforderung des ersten Bitterfelder Programms und schrieb einen Roman über die Arbeit einer Rostocker Werft: „Kabelkran und Blauer Peter" (1961).

Zum Antagonismus zwischen Formalismus und sozialistischem Realismus tritt als zweiter Antagonismus, erzeugt von den Forderungen der Ideologie an die Dichtung, der zwischen *Subjektivismus* und *sozialistischem Realismus*. Unter ‚Subjektivismus' ist dabei nicht nur die schöpferische Einsamkeit eines Autors zu verstehen, sondern vor allem die Darstellung von individuellen Erlebnissen, also beispielsweise die lyrische Gestaltung von Empfindungen eines Ego, aber auch psychologisch komplexerer Probleme, wenn sie sich, umgekehrt gesehen, nicht verbreitern lassen. Der sozialistische Realismus bekämpft den Subjektivismus als einen elitären Standpunkt, der dem Kollektivismus und den Prinzipien des Kommunismus widerspricht.

Andererseits dürfte offenkundig sein, daß der Subjektivismus ein Wesensbestandteil mindestens der Lyrik ist. Gewiß gibt es den ständig wachsenden Bereich der Gedankenlyrik. Dieser Bereich

[20] E. Arendt: „Aus fünf Jahrzehnten. Gedichte", Rostock (VEB Hinstorff), 1968

wird vom sozialistischen Realismus, sobald er bestimmte ideologische Qualitäten zeigt, favorisiert. Aber Gedankenlyrik kann nicht darüber hinwegtäuschen, daß sie der intentional komplexere Zustand einer Gesamtlyrik ist, ein Zustand, der auf dem ichnäheren Bereich der Empfindungslyrik aufruht. Hieraus ist zu folgern, daß Lyrik insgesamt stürbe, sobald der sozialistische Realismus sein Ziel, Subjektivismus zu entfernen, erreichte. Es liegt hier ein nicht auflösbarer Antagonismus zwischen Subjektivismus und sozialistischem Realismus vor. Ein gewisses Maß an Subjektivismus wird existent bleiben müssen, sofern Lyrik bestehen bleiben will und soll.

Selbstverständlich ist der Subjektivismus nicht auf die Lyrik begrenzt. Er zeigt sich hier nur am deutlichsten. Ein „Selbstinterview"[21] Christa Wolfs über ihr Werk „Nachdenken über Christa T." zeigt an, welche Bedeutung der Subjektivismus auch für das epische Schaffen hat: ... „da ist kein ‚Stoff' gewesen, der mich zum Abschildern reizte, da ist ‚kein Gebiet unseres Lebens', das ich als Milieu nennen könnte, kein ‚Inhalt', keine ‚Fabel', die sich in wenigen Sätzen angeben ließen. Zu einem ganz subjektiven Antrieb muß ich mich bekennen: Ein Mensch, der mir nahe war, starb, zu früh. Ich wehre mich gegen diesen Tod. Ich suche nach einem Mittel, mich wirksam wehren zu können. Ich schreibe suchend. Es ergibt sich, daß ich eben dieses Suchen festhalten muß, so ehrlich wie möglich, so genau wie möglich."

Für die Lyrik verschärft sich die Situation dadurch, daß man sie offiziell für überaus einflußreich einzuschätzen scheint. Manche Äußerungen der Kritik lassen sich so verstehen, als ob man Lyrik

[21] Ch. Wolf: in: „Kürbiskern", 1966, 4; S. 55 f.

für mächtig genug hält, die gesellschaftliche Entwicklung katalysatorenhaft zu fördern. In jedem Falle liegt in der Einschätzung der Lyrik durch Politiker und Mitmenschen ein erheblicher Unterschied zwischen Ost und West vor. In der Bundesrepublik Deutschland sieht man Lyrik wohl meist als ein schmückendes Akzidens an. Für die DDR ergibt sich der harte Antagonismus, daß man Lyrik einerseits einen erheblichen Einfluß einräumt, sie andererseits aber durch Bekämpfung des Subjektivismus zerstört[22].

In einen Antagonismus zu den Vorstellungen des sozialistischen Realismus, die *Aufbauleistungen der DDR darzustellen,* setzen sich diejenigen Autoren, welche bewußt oder unbewußt die *DDR als Ort der Handlung aussparen.* Zu ihnen zählt keine geringere als Anna Seghers. Selbstverständlich unterliegt ein Werk, wie „Das siebte Kreuz", das zur Zeit der Nazis im Westen des damaligen Reiches spielt, nicht diesem Antagonismus. Aber alle nach 1945 in der DDR geschriebenen Werke geraten in das Spannungsverhältnis. 1948 erschienen die Erzählungen „Die Hochzeit auf

[22] Ein erstaunliches Dokument für die Wertung der Literatur allgemein durch DDR-Politiker ist das Protokoll der 11. Plenartagung des Zentralkomitees der SED, 1965 („Zeit", Dez. 1965, Nr. 53). Nach diesem Protokoll diskutierten der Staatsratsvorsitzende Ulbricht, der Sekretär des Zentralkomitees der SED Hager und der stellvertretende Kultusminister Witt über die Beurteilung eines einzelnen Romans (von Manfred Bieler). Die Diskussion zeigt die enge Verbindung von Politikern zur Literatur und die Einschätzung von Literatur als potentiell gesellschaftsveränderndes Moment.

Haiti" und „Wiedereinführung der Sklaverei in Guadeloupe", deren Titeln man bereits die Nichtwahl der DDR, vielleicht sogar die traumhafte Rückflucht der Autorin ins Land ihrer Emigration: Mexiko, ablesen kann.

Dann veröffentlichte Anna Seghers 1965 neun Erzählungen unter dem Sammeltitel „Die Kraft der Schwachen". M. Reich-Ranicki[23] hat darauf hingewiesen, daß nur zwei der neun Erzählungen in die Zeit nach 1945 fallen. Eine davon ist das „Schilfrohr". In dieser Erzählung sucht eine märkische Bäuerin ihren ehemaligen Geliebten, der in Ost-Berlin bei der „neuen Verwaltung" einen guten Posten erhalten hatte. Sie erfährt aber nur, daß der ehemalige Antifaschist in den Westen geflohen sei. Der Leser aber erfährt kein Wort der Verurteilung dieser Flucht eines (ehemaligen) Kommunisten aus der DDR. In der anderen Erzählung: „Duell", hilft ein kommunistischer Lehrer in den Jahren 1945/46 einem jungen Arbeiter, eine Zusatzprüfung zu bestehen. Schließlich Werkleiter geworden, will dieser Mann seinen ehemaligen Lehrer aufsuchen, hört aber nur, daß er tot sei. Den Erfahrungen des kommunistischen Lehrers in den Jahren seit 1945 bis zu seinem Tode, hat Anna Seghers keine Zeile gewidmet.

Noch extremer als bei Anna Seghers liegt die Situation bei Rolf Schneider. In allen seinen Werken, ich nenne als die bekanntesten: „Aus zweiter Hand" — Literarische Parodien (1958), „Besuch gegen zehn" — Fernsehspiel (1963), „Brücken und Gitter — Ein Vorspruch und sieben Geschichten" (1965), „Der Tod des Nibelungen" (1970), kommt die DDR als Handlungsort nicht vor. Aber das macht den Tatbestand des Extremen noch nicht aus. In seiner

[23] M. Reich-Ranicki: „Zur Literatur der DDR", a. a. O., S. 15

Erzählung „Die Brücken" dreht Schneider die Metapher Brücke gleich Verbindendes um. Schneider läßt irgendwo im von den Nazis besetzten Holland hinter einem Mann die Brücken „mit einem schnarrenden und kreischenden Geräusch" aufstehen. Real, wie metaphorisch, wird der Mann von seinen Verbindungen zu seinen ehemaligen Mitmenschen abgeschnitten. In der Erzählung „Gitter" ist die Metapher primär zu verstehen. Zwischen einem von den Nazis aufgrund taktischer Überlegungen freigelassenen Kommunisten und seinen Genossen gehen die Gitter des Mißtrauens nieder. Aber beide Erzählungen sind 1965 erschienen. Deuten wir falsch, wenn wir eine Steigerung insofern vorliegen sehen, als zum Thema: Aussparung der DDR nun das Thema: Abbruch der Kommunikation hinzugekommen ist?

Es ist in diesem Zusammenhang noch ein anderes Phänomen zu beachten: Die Autoren der DDR stellen nur selten Generatoren, Turbinen, Krane, insgesamt die Industrie, dar; viel häufiger finden sich Schilderungen ‚soziologischer Einzeller' oder ‚soziologischer Kleinstlebewesen'. Ole Bienkopp verendet allein im Schilf; Christa T. baut sich ein Haus an einem einsamen See; Edgar Wibeau flieht das Kollektiv, lebt und stirbt allein in einem Schrebergartenhäuschen; der jugendliche Ich-Erzähler in de Bruyns wundersamer Erzählung „Fedezeen" hat nur den Großvater und bleibt schließlich ratlos allein. Auch das ist eine Art Flucht, zwar nicht räumlich die DDR aussparend oder fliehend, wohl aber weg von der scheinbar schaffensfrohen Aufbauarbeit, vom industriellen und politischen Aufstieg, hin zu Trauer und Einsamkeit. Auf eine Weise, die den sozialistischen Realisten sehr unangenehm sein dürfte, bestätigt sich hier die marxistische These von der Widerspiegelung der Basis im Überbau. Denn die Literatur zeigt hier nur einen Prozeß an, der in der DDR seit Jahren intensiv und breit auftritt: den Rückzug aus der Öffentlichkeit in die intime Kleingruppe, zum soziologischen Kleinstlebewesen.

Was sich am Ort der Handlung beobachten läßt: Aussparung und Flucht aus der DDR und ihrer Wirklichkeit; kann man auch an der Zeit der Handlung erkennen. Hier bildet sich der Antagonismus zwischen der *Darstellung von Vergangenem* und der Forderung des sozialistischen Realismus, die *Gegenwart* zu *beschreiben.*

Wieder mag Rolf Schneider (Jahrgang 1932) auch für diejenigen stehen, welche die DDR nicht mehr als gelobtes Land des Sozialismus ersehnten und erkämpften, sondern die den DDR-Sozialismus während ihrer Schülerjahre und Studentenzeit bereits als Wirklichkeit erlebten und doch seine Errungenschaften nicht loben. Oben wurde bereits gesagt, daß „Der Tod des Nibelungen", Schneiders bisher letztes großes Werk, nicht in der DDR handelt; der Autor meidet aber auch die Gegenwart und läßt seinen Roman in der wilhelminischen Ära, zur Zeit der Weimarer Republik und vor allem während des Naziregimes spielen, anstatt die Aufbauleistung seines Staates zu würdigen.

Im „Tod des Nibelungen" behandelt Schneider das Thema des opportunistischen Künstlers. Schneider nutzt überraschenderweise nicht seine bewährten parodistischen Fähigkeiten. Er macht auch nicht von der Möglichkeit der Anspielung gebrauch, die sich doch leicht hätte nutzen lassen, in dem man über die Verurteilung von nazistischen Eingriffen in die Kunst die gegenwärtigen Repressionen und Direktiven hätte treffen können. Schneider weicht vor den Aufgaben des Lobes, wie der Kritik, zurück, welche die Gegenwart stellt und flieht in die Vergangenheit.

Der Antagonismus verschärft sich offenbar dann, wenn ein Autor, anders als Schneider, zunächst Auseinandersetzungen mit der Gegenwart, also mit der Zeit nach 1945, geliefert hat, sich dann aber abwendet. Das ist bei Franz Fühmann der Fall. Marcel Reich-Ranicki hat erkannt, daß sich das Werk Fühmanns in drei Schichten gliedert[24]:

„Die erste umfaßt Geschichten aus den Jahren 1955—1959; sie spielen alle während des Zweiten Weltkrieges. Die Stücke der nächsten Gruppe (1960—1962) behandeln hingegen Stoffe aus der Gegenwart und der DDR. Die letzten Geschichten (ab 1963) spielen jedoch wiederum in der Zeit des ‚Dritten Reiches'."

Hier wendet sich ein ehrlich vom Kommunismus überzeugter Mann von der Gegenwart ab. Noch 1962 hatte Fühmann geäußert: ... „daß mir erst beim Studium des Marxismus die Stationen meines Lebens bewußt geworden waren und daß die Kriegsgefangenschaft für mich die Sinngebung meiner Existenz bedeutete"[25]. Dann aber erfolgt ein Einschnitt und die zeitliche Verlagerung aller Erzählungen des 1966 erschienenen Sammelbandes „König Ödipus" zurück in die Vergangenheit vor 1945.

Dieser Rückzug, meint Reich-Ranicki[24], „scheint mir weit mehr als die exemplarische Entwicklung eines einzelnen Schriftstellers

[24] M. Reich-Ranicki: a. a. O., S. 75

[25] F. Fühmann: „Das Judenauto. Vierzehn Tage aus zwei Jahrzehnten", Berlin (Aufbau-Verlag), 1962, S. 152

zu sein. Denn es ist, um es gleich zu sagen, die totale Katastrophe der Literaturpolitik der SED.“

Jedenfalls sehen sich auch engagierte Anhänger des Kommunismus außerstande, sich in Lob oder Kritik mit ihrer Gegenwart zu befassen. Auch sie gliedern sich in die Gruppe der Zurückblickenden ein.

Die parteilichen Vertreter des sozialistischen Realismus äußern immer wieder, daß die Literatur Arbeiter, Bergleute, Genossenschaftsbauern darstellen möge. Arbeit und Leben der *Angehörigen der Basis* sollen den Stoff der sozialistischen Literatur liefern. Aber diese Forderung wird mehr und mehr zu einem Wunsch. Gegen sie hat sich in der DDR-Literatur ein starker Trend ausgebildet, der dadurch gekennzeichnet ist, daß gerade die *Angehörigen des* sogenannten *Überbaues* die Hauptpersonen der Werke darstellen.

Christa Wolf läßt eine Germanistin ihren Weg in die Einsamkeit gehen. Bei Hermann Kant durchstöbern Journalisten die Vergangenheit. Ein Historiker klagt bei Stefan Heym die Unterdrückung des Geistes an. Ein Verlagslektor tummelt sich in einer von Günter Kunerts neuesten Geschichten innerhalb seiner eigenen engen Vorstellungswelt. Einem Bildhauer begegneten wir in Schneiders letztem großen Roman. In de Bruyns „Die Preisverleihung“ kommt es schließlich zu einem Spannungsverhältnis zwischen einem Literaturdozenten, einer Dolmetscherin und einem Schriftsteller.

Gewiß gibt es auch Gegenbeispiele, so den Genossenschaftsgründer Ole Bienkopp oder den Kumpel mit der Feder in Neutschens „Warten an der Sperre“; aber diese Gegenbeispiele sind selten und verdeutlichen eigentlich nur den Haupttrend. Ist gar einmal von der arbeitenden Jugend, wie bei Plenzdorf die Rede, so flieht ihr Vertreter in die Gartenlaube!

De Bruyns Roman „Die Preisverleihung" ist in diesem Zusammenhang deshalb besonders interessant, weil er sowohl die Gründe des „Wirklichkeitsverlustes" erkennen läßt, wie auch diesen „Wirklichkeitsverlust" demonstriert. Achtzehn Jahre vor der Preisverleihung, auf welcher der Dozent Overbeck die Laudatio zu halten hat, nahm Overbeck auf das jetzt preisgekrönte Werk des Autors Schuster einen unheilvollen Einfluß. Er hatte den schreibenden Anfänger immer wieder zur Umarbeitung seines Werkes gezwungen. In der Wirklichkeit vorhandene und im Roman ursprünglich abgebildete Widersprüche, Differenzen, Unebenheiten, wurden geglättet und zu gefälligen Harmonien gefeilt. An die Stelle der Wirklichkeit traten Wunschvorstellungen von Realität und Planung.

Die Gründe sind in der Gängelung der Literatur, in den auf sie gerichteten Vorschriften, zu bemerken. Overbeck, der diese Vorschriften anwendet, bewirkt, daß die Gegensätzlichkeiten aus dem Werk des Autors Schuster verschwinden, daß ein harmonisches, preiswürdiges Buch entsteht, das nur einen Mangel aufweist, daß in ihm die eintönige Vorstellung von Realität an die Stelle der farbigen Wirklichkeit getreten ist.

Der „Wirklichkeitsverlust" der DDR-Literatur ist ein nicht zu bezweifelnder Trend. Gleichwohl könnte es sich um eine zeitlich begrenzte Erscheinung, also um eine Episode, handeln. Daß wir es im Gegenteil nicht mit einer Episode oder Phase zu tun haben, vielmehr mit einer notwendigen Struktur, zeigt Leben und Werk Willi Bredels an. Bredel, geboren 1901, gestorben 1964, erlernte und übte den Dreherberuf aus. Während des Krieges lebte er in russischer Emigration. Er gehört zu den Gründungsmitgliedern des „Nationalkomitees Freies Deutschland". Der Vaterländische Verdienstorden in Gold krönte seine politische und literarische Arbeit für die DDR. Schon während der Weimarer Republik schrieb Bredel seine „Arbeiterromane": „Maschinenfabrik N. u. K.", „Rosenhofstraße" und „Der Eigentumsparagraph". Aber diese „Arbeiterromane" sind dadurch gekennzeichnet, daß

Darstellungen des Arbeitsprozesses ausgespart werden,

die Hauptpersonen der Romane aufsteigen wollen: die Welt der Arbeiter verlassen und die der Kleinbürger erreichen wollen;

stilistisch die Ebene des Berichtes verlassen, die Ebene gut gestalteter Prosa aber nicht erreicht wird.

Bestätigt der ‚Fall' Bredel nicht die Vermutung, daß es sich beim „Wirklichkeitsverlust" der DDR-Literatur um einen notwendigen Prozeß handelt, der, detailliert betrachtet, sich aufspaltet in:

den Weg mancher Autoren vom Arbeiter zum Reporter oder Schriftsteller,

in eine mit diesem Weg sich verändernde Interessenlage zu wirklichkeitsferneren Themen

und in die Wahl der Hauptpersonen aus dem „Überbau"?

Der literarische Antagonismus zwischen einer schwindenden Basis und einem sich ausbauenden Überbau, zwischen Wirklichkeit und Vorstellung der Wirklichkeit, scheint, da mit dem Leben der Autoren verbunden, sehr zur Beunruhigung der Kritik, unauflöslich.

Gelegentlich, so bei Christa Wolf und Günter de Bruyn, treten in der DDR-Literatur *passive Helden* auf, die denkbar größte Antagonismen zu den vom sozialistischen Realismus geforderten unmelancholischen, fröhlichen und *erfolgreichen Schaffern* aufzeigen. Die passiven Helden sind für den sozialistischen Realismus störende Versprengte der bürgerlichen Welt und Vertreter einer kafkaesken Planverhöhnung.

Ein passiver Held ist Christa T., die sich in ihre mecklenburgische See-Einsamkeit verkriecht und sich dort nicht gegen den Tod wehrt. Passive Helden, ein Großvater und ein Hitlerjunge (oder junger Pionier), treten auch in de Bruyns zauberhafter Erzählung „Fedezeen" auf. Der Großvater hat sich vom politischen Geschehen abgewandt und sich eine Zauberwelt aufgebaut, die real mit seiner Heimat, wiederum die Seen Mecklenburgs, verbunden ist. In diese Zauberwelt flieht aber auch der Knabe, und zwar mit Vorliebe immer dann, wenn der Druck des Kollektivs auf ihn als Einzelgänger sich verstärkt. In einem Zustand besonders starker Repression machen sich die beiden wirklich auf, um in ihrer Zauberwelt Schutz zu suchen, finden aber nur ein zerwühltes militärisches Übungsgelände vor. An dieser Enttäuschung stirbt der Großvater. Der Junge sieht sich schutzlos nicht nur der Repression, sondern auch den Folgen der Flucht, ausgeliefert.

Vielleicht darf man noch einen Schritt weitergehen und den Verlagslektor aus Kunerts Erzählung „Gast aus England" als Ironisierung des aktiven Helden ansehen; denn dieser Lektor durchirrt höchst aktiv, getrieben von seinem politischen Pflichtgefühl, eine ganze Nacht lang Ost-Berlin auf der Suche nach dem von ihm verpaßten Gast aus England. Er erreicht zahlreiche Stationen: einen U-Bahn-Bahnhof, seine eigene Wohnung, ein Haus in

Friedrichsfelde, die Wohnung eines jüdischen Rückkehrers, eine Spießbürger-Wohnung, Kneipe, ein Hospiz, eine Autowerkstatt, eine Parkanlage; aber seinen Gast findet er nicht — und hat ihn doch unidentifiziert die ganze Zeit im Fond seines Wagens.

Mit den folgenden Überlegungen verlassen wir bewußt das Gebiet der Antagonismen und begeben uns mit der Erörterung verschiedener *theoretischer Standpunkte* besonders zum *sozialistischen Drama,* in den vorantagonistischen Bereich. Allerdings mag es leicht sein, daß diese verschiedenen theoretischen Standpunkte im Laufe der Zeit zu weltanschaulichen Gesichtspunkten werden, Anhängerschaft in der Gesellschaft finden und sich so zu Antagonismen ausformen.

In der DDR hat sich für das Drama weitestgehend der Brechtsche Standpunkt durchgesetzt. Die Begabung des Autors und seine weltweite Wirkung werden diesen späteren Erfolg in der Theorie bewirkt haben. Entwickelt hat Brecht seine im Kontrast an Lessing gewonnene Dramentheorie vor allem in den drei Schriften:

„Über eine nichtaristotelische Dramatik“
„Neue Technik der Schauspielkunst“
„Kleines Organon für das Theater“, insgesamt zwischen 1933 und 1948 erschienen.

Ich wage im Folgenden, Brechts theoretische und praktische Veränderungen an der Dramentheorie und am Drama in fünf Hauptpunkten zusammenzufassen. Erstens hat Brecht die dramatische Einheit der Handlung durch Songs, Kommentare und allgemein durch Verfremdungseffekte unterbrochen. Zweitens erhob Brecht die Forderung nach Distanz von Zuschauer und Schauspieler zum Dramengeschehen. Das in V Akten geschlossene Drama der deutschen Klassik wurde von Brecht drittens durch das offene Drama ersetzt. Mit dem offenen Drama verbindet sich nicht nur die Fortsetzbarkeit der Handlung, sondern auch die Aufforderung an den Zuschauer, Lösungen zu finden. Bei allen Dramen Brechts konvergieren die Lösungen in der kommunistischen Revolution. Viertens forderte Brecht, daß das epische Theater die Erkenntnisgewinnung anstelle der Emotionenläuterung einsetze. Schließlich wurde unter Brechts Hand das psychologische Typendrama zum soziologischen Fall.

Diese Lehren Brechts haben zwar gesiegt, jedoch ist ihr Durchbruch keineswegs selbstverständlich, da sie in mindestens zwei Fällen den Prinzipien des sozialistischen Realismus widersprechen. Das ist erstens der Fall in der vom sozialistischen Realismus geforderten Leitbildfunktion der Helden oder Hauptpersonen. Brechts Hauptpersonen haben keine Leitbildfunktion, sie sind der Schicht der Entrechteten entnommen, mit denen der Zuschauer eher Mitleid verspürt, als daß er zu ihnen aufblickte. Mit der Leitbildfunktion verbindet sich aber zweitens die Ablehnung sogenannter ‚Hohlräume' in der Literatur allgemein; denn ein Leitbild kann nur bei engstem Engagement des Lesers oder Zuschauers an sein personifiziertes Leitbild wirken. Diesem Prinzip des sozialistischen Realismus steht aber Brechts Lehre und Praxis von der Distanz des Zuschauers partiell kontradiktorisch entgegen.

Nun ist es unwahrscheinlich, daß aufgrund dieser beiden Widersprüche die Theorien Lukács' in der DDR wieder an Einfluß gewinnen. Nur in einem Punkt läßt sich zwischen den jetzigen Prinzipien des sozialistischen Realismus und der Lehre Lukács' Übereinstimmung gewinnen; während in drei weiteren Hauptpunkten Differenzen zum sozialistischen Realismus bestehen. Der Abstand von Lukács zum sozialistischen Realismus ist eindeutig größer als der Brechts zur offiziellen Literatur- und Kunstanschauung. Lukács' Literaturtheorie ist vor allem in seiner

„Theorie des Romans" (1916), in seinen

„Essays über Realismus", fünf Bände (1946—1949) und in seinem Werk „Probleme des Realismus" (1955) niedergelegt.

Übereinstimmung zum sozialistischen Realismus kann sich in derjenigen Lehre von Lukács ergeben, daß das Kunstwerk, nicht nur das Drama, eine harmonische Einheit von Form und Inhalt für den Rezepierenden bilden möge[26]. Damit ist Brechts Lehre von den Verfremdungseffekten und in ihrer Folge auch die Lehre von der Distanz und das Vorhandensein von ‚Hohlräumen' getroffen. Die Lehre von Lukács nähert sich hier in der Frage der harmonischen Einheit über die Brücke des unmittelbaren Engagements, der Forderung des sozialistischen Realismus nach Leitbildfunktion, ohne daß freilich die Frage nach der Stellung der Hauptpersonen überhaupt berührt wäre. Unumwunden spricht Lukács[27] auch von der „Katharsis" und der psychologischen — nicht politischen — Absicht, die ein Kunstwerk zu bewirken habe.

Aber damit verläßt Lukács auch bereits den schmalen Streifen der Übereinstimmung mit dem sozialistischen Realismus; denn wenn sich auch ohne Zweifel psychologische und politische Absich-

[26] G. Lukács: „Probleme des Realismus", Berlin (Aufbau-Verlag), 1955, S. 13/14

[27] G. Lukács: „Die Eigenart des Ästhetischen", Neuwied und Berlin (Luchterhand-Verlag), 1963, S. 13 f.

ten gelegentlich verbinden lassen, so steht andererseits doch auch fest, daß das Gebiet der psychologischen Absichten in der Literatur ungleich ausgedehnter ist als das der politischen.

Gar nun in der Frage des Realismusbegriffes — für Lukács ist Realismus die Weiterführung der progressiven literarischen Strömungen des 19. Jahrhunderts —, beim Problem einer sozialistischen Spontaneitätstheorie — als deren Begründer Lukács zu achten ist, und schließlich beim Kunstbegriff selbst, befindet sich Lukács in wissenschaftlichen Gegensätzen zu Brecht, zu Lenin und zum sozialistischen Realismus insgesamt.

Nach Lukács benötigt Kunst die psychologische Struktur der Vorstellung. Die Vorstellungen sind über Wahrnehmungen vermittelt. Lukács sieht den Vorstellungsbereich als ein Zwischensignalsystem an und gibt ihm die Bezeichnung 1′, da der Vorstellungsbereich anderthalb Brechungen von den Gegenständen der Wirklichkeit entfernt ist. Nur über anderthalb Brechungen können Vorstellungen Kunst projezieren. Mit dieser Theorie steht Lukács nicht nur im Widerspruch zur naiven Abbildtheorie des sozialistischen Realismus, darüber hinaus nähert er sich auch noch dem Subjektivismus-Standpunkt.

Weiterhin läßt sich keine Synthese zwischen dem Realismusbegriff von Lukács und dem Brechts gewinnen, nach welchem Realismus Bruch mit den überkommenen Kunstmitteln bedeutet. Mit seiner Spontaneitätstheorie widerspricht Lukács nun gar Lenin, für den Spontaneität nichts weiter als einen Ausfluß des dekadenten, bürgerlichen Bewußtseins bedeutet.

Von den Lehren Lukács' geht sowohl etwas Verbindendes, wie etwas Geniales und daher Faszinierendes aus. Es kann nicht ausgeschlossen werden, daß sie, sofern sie sich an der Wirklichkeit bewähren, Anhänger gewinnen und dann zu gesellschaftlichen Antagonismen werden. Gibt es hierfür und für die Terrainverschiebung zwischen Brecht, Lukács und einem verdinglichten sozialistischen Realismus Anzeichen?

Gegenwärtig hat in der DDR in Fragen der Literaturtheorie größten Einfluß Professor Dr. W. Mittenzwei, Inhaber des Lehrstuhls für Literaturtheorie am „Institut für Gesellschaftswissenschaften" beim ZK der SED (!). In seiner Arbeit „Gestaltung und Gestalten im modernen Drama[28] vertritt er einen zu Lukács und teilweise auch zu Brecht konträren Standpunkt. Im Gegensatz zu Lukács' evolutionärem Realismusverständnis, ist Mittenzwei der Auffassung, daß seit der russischen Revolution im Osten ein völlig neues Drama entstanden sei. Ziel dieses Dramas hat nach Mittenzwei die Befreiung der Menschen von der Entfremdung und ihre emotionale Eingliederung ins Kollektiv zu sein. Hier trifft sich Mittenzwei zwar bei den Emotionen mit Lukács, er widerspricht auch Brechts ‚Revolutions-Schlüssen', er steht aber gänzlich — wen sollte es wundern! — auf dem politischen Boden des Lehrgebäudes des sozialistischen Realismus. Die gleichen Beziehungen ergeben sich aus Mittenzweis dritter Hauptlehre, daß das Drama von einem vorbildlichen Helden, der auch Kritik ermöglichen darf, getragen sein möge.

Erweist sich der Theoretiker Werner Mittenzwei als eine Stütze des sozialistischen Realismus, so ist die Stellung des Dramatikers Peter Hacks doch originärer. Nicht nur, daß Hacks klar den dramentheoretischen Antagonismus[29] erkannt hat, der sich aus Mit-

[28] W. Mittenzwei: „Gestaltung und Gestalten im modernen Drama", Habilitationsschrift, Berlin (Ost), 1965

tenzweis Zielsetzung von der emotionalen Eingliederung ins Kollektiv ergibt. — Der Antagonismus besteht darin, daß in dem Maße, wie die leitbildhafte Hauptperson des Dramas sich ins Kollektiv eingliedert (Voraussetzung für die Einfügung des Zuschauers oder Lesers ins Kollektiv), diese Hauptperson ihre leitbildhaften und zugleich individuellen Eigenschaften einbüßt; während umgekehrt, wenn sie als Kollektivist auftritt, von ihr keine leitbildhaften Funktionen ausstrahlen. — Hacks fordert auch umfangreichere subjektiv-moralische Rechte gegenüber seinen Mitmenschen und objektiv-historische Rechte gegenüber der Partei, um seine Aufgabe als entdeckender und lehrender Autor wahrnehmen zu können.

Von den drei Hauptgattungen der Literatur nimmt die Praxis des Dramas heute in der DDR ohne Zweifel nur die schwächste Stellung ein. Die gesellschaftliche Wirklichkeit hat ohne tiefere Spannungen zu sein. Alle sollten ein gemeinsames Ziel, das des Kommunismus, erstreben. Die Theorie duldet nur „nichtantagonistische Gegensätze" in der Gesellschaft. Das Drama aber lebt von der Darstellung gesellschaftlicher Spannungen. Werden diese aus seinem Inhalt und seinem Aufbau eliminiert, wird es langweilig. Bezieht der Autor gar den Standpunkt der Parteitheorie, so macht er sein Drama zum Bekehrungsstück.

[29] P. Hacks: in: „Versuch über das Theaterstück von morgen", enthalten in H. Brenners Anthologie „Nachrichten aus Deutschland", Reinbek bei Hamburg, 1967, ab S. 190

Die gefährlichsten Antagonismen werden selbstverständlich nicht von den Vertretern solcher Gedanken geäußert, die sich gegen einzelne Prinzipien des sozialistischen Realismus richten — denken wir beispielsweise an Fühmann und Schneider, die die Darstellung von Vergangenem der gewünschten Verherrlichung der Gegenwart vorziehen — die gefährlichsten Antagonismen stammen von Autoren, die entweder *das Wesen des sozialistischen Realismus ablehnen* — das geschieht ungewollt durch de Bruyn und bewußter durch Stefan Heym — oder die wie Wolf Biermann grundsätzlich *eine andere Art von Sozialismus* proklamieren. Es darf angenommen werden, daß hinter den genannten Sprechern kleinere oder auch sehr große gesellschaftliche Gruppen stehen, welche die literarischen Differenzen zu gesellschaftlichen Antagonismen erheben.

Von de Bruyns Roman „Die Preisverleihung" war bereits oben gesagt worden, daß er den in der DDR-Literatur zu beobachtenden Wirklichkeitsverlust zugleich demonstriert und die Gründe des Wirklichkeitsverlustes benennt. Durch die Anwendung der Monosemie der Theorie auf das Buch, hatte auch dieses epische Werk alle Spannungen und Farbigkeit der Realität verloren. Entstanden war ein zugleich preiswürdiger und eintöniger Roman, eine Darstellung von Vorstellungswelten.

Damit ist aber auch gesagt, daß ein Staat wie die DDR, der auf der Grundlage seiner materialistischen Weltanschauung die Abbildung der Wirklichkeit durch die Künste fordert, seine Forderung nur dann erfüllt sehen kann, wenn er auf Vorschriften und Disziplinierungsmaßnahmen verzichtet. In der Tat scheint dieser Antagonismus unauflöslich. Verzichtet der Staat auf seine repressiven Maßnahmen oder lockert er sie mindestens, wird er einen

Frühling an pluralistischen Anschauungen ermöglichen, die er nicht wünscht; zieht andererseits der Staat die Repressionsschraube an, tritt auch dasjenige ein, was er nicht wünscht: geschaffen wird ideologisierte Kunst, eine Vorstellungswelt weitab von Wirklichkeit. Ungewollt stellt de Bruyn diesen Antagonismus dar.

Bewußter geht Stefan Heym, Nationalpreisträger der DDR, in seinem „König David Bericht" vor. Dieser Roman durfte in der DDR nicht erscheinen. Worum geht es in dem Werk? König Salomo benötigt „einen autoritativen, alle Abweichungen ausschließenden Bericht über das Leben, die großen Werke und heroischen Taten" seines Vaters, des Königs David. Auch heute ist gut vorstellbar, daß zu Salomos Zeiten sehr unterschiedliche Meinungen und Wertungen über das Leben des Königs David im Volk lebendig waren. Mit der Erstellung des Berichtes wird der Historiker Ethan ben Hoshaja beauftragt, ein Mann, der nur einen Fehler hatte, den, in die Wahrheit vernarrt zu sein. Ein Mitglied der vom König berufenen Kommission macht Hoshaja darauf aufmerksam, worauf es ankäme, nämlich „einen glücklichen Mittelweg ‹zu› wählen zwischen dem, was ist, und dem, was die Menschen glauben sollen." Hoshaja erfährt bei seinen Untersuchungen zu viel; er wird zum Tode verurteilt. Da aber seine Hinrichtung „übelmeinenden Menschen Anlaß geben könnte zu der Behauptung, der weiseste der Könige, Salomo, unterdrücke Gedanken, verfolge Schriftgelehrte, und so fort", soll er „zu Tode geschwiegen werden"; keines seiner Worte soll das Ohr des Volkes erreichen" ...

Mit diesem 1972 in München erschienenen Roman greift Stefan Heym die gesamte Repressionsstruktur des sozialistischen Realismus an. König — königliche Kommission — Ethan Hoshaja haben ihr sozialistisches Spiegelbild im Staatsratvorsitzenden (stellvertretend ein Mitglied des Politbüros oder der Kultusminister), Schriftstellerverband und Stefan (Ethan) Heym. Den gestuften Maßnahmen Salomos entsprechen in der DDR: kleine Auflagenzahlen, Druckverbot in der DDR, absolutes Druckverbot für ein Werk oder gar für den Autor (beides ist schwer durchführbar), gesellschaftliche Isolierung (die man, wie der Fall Solschenizyn zeigt, mindestens in ihren extremen Formen zu scheuen scheint). Stefan Heyms „König David Bericht" fiel unter die Maßnahme zweiten Grades. Bedenken wir aber auch, daß, wie Raddatz mitteilt[30], ein abgeschlossener Roman Heyms über den 17. Juni 1953 bisher überhaupt nicht erscheinen durfte, daß an diesem Werk also bereits der dritte Grad vollzogen wurde.

Wie lautet das politische Bekenntnis des ehemaligen Kandidaten der SED und seit 1963 aus der Partei ausgeschlossenen Wolf Biermann?

„Er ist für den Sozialismus
Und für den neuen Staat
Aber den Staat in Buckow
Den hat er gründlich satt."[31]

[30] F. J. Raddatz, siehe Anmerkung 1, S. 239/240

[31] W. Biermann: „Ballade vom Drainage-Leger Fredi Rohmeisl aus Buckow", 1962; zitiert nach M. Reich-Ranicki: „Zur Literatur der DDR", a. a. O., S. 142

Und in aller Deutlichkeit weiter:

„Ich soll vom Glück Euch singen
einer neuen Zeit
...
Schafft in der Wirklichkeit mehr Glück!
Dann braucht Ihr nicht so viel Ersatz
in meinen Worten.
...
Der Dichter ist kein Zuckersack!“[32]

Biermann will den Sozialismus, aber nicht den made in DDR; er wünscht seinen Mitbürgern Glück, aber nicht die Vorstellung vom Glück, die eine gelenkte Literatur dem Bewußtsein der Bürger unterschiebt. Hier hat eine der SED gefährliche Einstellung ihre Stimme gefunden. Sie ruft, wenn schon nicht nach einer anderen sozialistischen Gesellschaft, so doch nach einer anderen Art von Sozialismus. Wie diese Art auch beschaffen sein mag, sie wird weniger dirigieren sollen, dafür aber bessere Bedingungen für das Glück der Bürger zu schaffen haben.

Gegen diesen Häretiker wurde der dritte Grad: absolutes Druckverbot für den Autor[33], angewandt. Vor der gesellschaftlichen Isolierung schützt ihn wohl nur sein Lebenslauf: Arbeiterkind, Hinrichtung des Vaters durch die Nazis, freie Wahl der DDR (Biermann stammt aus Hamburg) als Lebensraum, Studium in Ost-Berlin, Kandidat der SED.

[32] W. Biermann: „Tischrede des Dichters“, 1963; zitiert nach M. Reich-Ranicki s. Anmerkung (31)

[33] Alle Veröffentlichungen Biermanns: „Die Drahtharfe“ (1965) und „Mit Marx- und Engelszungen“ (1968) sind bisher in West-Berlin erschienen.

AUFLÖSUNG DER ANTAGONISMEN?

Vereinfachen wir den Begriff Antagonismus zu der folgenden Definition: ein Widerspruch, der auf gegensätzliche Interessen verschiedener gesellschaftlicher Gruppen zurückzuführen ist, so haben sich uns Antagonismen gezeigt:

1. zwischen den Funktionären des sozialistischen Realismus und den Verteidigern der Form der Dichtung.

Der eine Beziehungspfeiler: Funktionäre des sozialistischen Realismus, bleibt im folgenden derselbe; ihm treten entgegen:

2. die Subjektivisten
3. die Republikflüchtigen und diejenigen, welche den SED-Staat wenigstens für einige Zeit gern einmal verließen
4. die Rückgewandten
5. die Vertreter des ‚Überbau'-Einflusses
6. die ‚passiven Helden': die Müden und Traurigen
7. die einen anderen Sozialismus Ersehnenden.

Die in der Literatur auftretenden gesellschaftlichen Antagonismen der DDR sind theoretisch offenbar auf zweifache Weise auflösbar. Ich betone: theoretisch wäre es einmal denkbar, daß die Mitglieder der genannten sieben Gruppen ihre jeweiligen spezifischen Verhaltensweisen gegenüber dem sozialistischen Realismus aufgäben. Bekehrten sich die Verteidiger der Form in der Dichtung zu der Ansicht, daß das Formale nebensächlich ist; schöpften die Subjektivisten ihre Anregungen aus der Umwelt; könnten die einen anderen Sozialismus Ersehnenden und auch die, welche nur in ihren Träumen den SED-Staat verlassen, sich davon überzeugt sehen, daß dieser Staat der beste aller Welten ist; würden aus den Rückgewandten Zukunftsfreudige; aus den Vertretern des ‚Überbau'-Einflusses — Proletarier; und aktivierten sich schließlich die Müden und Traurigen; so wären (theoretisch) alle Antagonismen gelöst und die DDR mancher Sorgen ledig. Wir allerdings hier wären (wie gerne!) unseres Beobachtungsfeldes verlustig gegangen.

Es ist aber auch der gewissermaßen noch theoretischere Gedankengang möglich, daß die Funktionäre des sozialistischen Realismus ihre Forderungen, durch welche die transzendenten (parteilichen) Antagonismen ja erst entstehen, fallen lassen könnten. Freilich gäbe sich auf diese Weise der sozialistische Realismus preis. Er würde, folgen wir dem verwegenen Gedanken, zur nichtrepressiven, intentionalen, pluralistischen Kunst der offenen Gesellschaften.

Wie sich die Bevölkerung und ihre Künstler im Spannungsfeld der Antagonismen wirklich verhalten, ist von ferne schwer festzustellen. Nicht nur fallen die Verhaltensweisen in den intimen, individuellen Bereich; sie mögen auch wechseln und sich verändern. Immerhin darf man doch sagen, daß sich innerhalb des Rahmens: Mimesis — Anpassung — Unterwerfung — Widerstand Gruppen bilden. Da sind diejenigen, die in die Vergangenheit zu fliehen versuchen. Die Verstummenden mögen in die innere Emigration gehen oder sich auch den Widerstandleistenden anschließen. Viele wenden sich resigniert ab. Andere werden korrumpiert. Die Flucht in die Unverbindlichkeit, ins Spielerische und zur Ironie öffnet sich einer nur geringen Zahl. Noch seltener scheint die Verarbeitung der Antagonismen im Sinne ihrer Aufhebung zu sein. Alle diese Reaktionen werden begleitet und beeinflußt von zwei Veränderungen in der Basis. Einmal verliert die Basis ihre proletarischen Elemente und wird bürgerlich; zum anderen atomisiert sie sich in intime Kleinstgruppen. Diese beiden fundamentalen Strömungen werden auch das Erscheinungsbild der Antagonismen nicht unverändert lassen.

PERSONENVERZEICHNIS

Aragon, L. 6
Arendt, E. 23, 26
Becher, J. R. 22, 25
Bieler, M. 28
Biermann, R. 43, 45
Böll, H. 15
Braun, V. 15, 18
Brecht, B. 37, 38, 39, 40, 41
Bredel, W. 34, 35
Brenner, H. 5, 42
Brettschneider, W. 5, 11
Bruyn de, G. 30, 33, 34, 36, 43, 44
Buhr, M. 10
Christ, R. 5
Engels, F. 11
Frege, G. 9
Fühmann, F. 23, 24, 26, 32, 43
Geerdts, H. J. 24
Hacks, P. 15, 16, 17, 41, 42
Hager, K. 21, 28
Hegel, G. W. F. 9, 11
Hermlin, St. 6, 7, 11, 20
Heym, St. 33, 43, 44, 45
Hochhuth, R. 23
Kant, H. 33
Kant, I. 9, 10
Klaus, G. 10, 11
Kunert, G. 15, 16, 33, 36
Leder, R. 6
Lenin, W. I. 11, 40
Lukács, G. 38, 39, 40, 41
Mallarmé, St. 6
Mann, Th. 13
Marx, K. 9, 11, 16
Mittenzwei, W. 41
Neutsch, E. 8, 22, 33
Oelßner, F. 20
Pascal, B. 23
Platon, 11
Plenzdorf, U. 34
Raddatz, F. J. 5, 7, 17, 19, 21, 22, 45
Reich-Ranicki, M. 5, 7, 29, 32, 45, 46
Rimbaud, J. A. 6
Russell, B. 9
Schmitt, D. 5
Schmitt, H. J. 5, 21
Schneider, R. 29, 30, 31, 32, 33, 43
Seghers, A. 28, 29
Solschenizyn, A. 45
Stalin, J. 9, 10, 11
Strittmatter, E. 22, 25, 26
Trommler, F. 21, 24
Ulbricht, W. 20, 21, 28
Weinert, E. 8
Weizsäcker von, C. F. 9
Wellm, A. 15, 17
Wolf, Ch. 14, 15, 22, 25, 26, 27, 33, 36
Wolff, L.-W. 5
Wolter, M. 5